L'INTERET

de la POLOGNE

DANS SON ETAT ACTUEL

LETTRE

ADRESSÉE à UN CITOYEN

de l'Extrémité de l'Europe ce 15. Juillet 1791.

IL y a long têms, Monsieur, que je Vous aurais communiqué mes idées au sujet de la situation de Notre Patrie, si j'avais trouvé de moment si interéssant, comme celui d'aprésent; où la Nation après avoir sécoué sa cruelle Anarchie, & s'être formé une Constitution analogue à la raison, reste encore indecise sur le choix d'un Systeme politique, qui la rendrait desormais plus solide & plus heureuse.

Oui, Monsieur! c'est un Objet, qui semble extremement intéresser un Polonois, qui pense, & qui connait combien en depend la conservation de l'Etât & son bien; Sans ce Systême, nous etions depuis tant de Siecles comme un Vaisseau sans gouvernail, que la diversité des vents agitait tour à tour, & qui n'allait, qu'à leur gré; Son choix bon ou mauvais va certainement former pour l'avenir Notre destinée: ce pourquoi il est à craindre, que la partialité & le defaut dans la connaissance des Puissances, dont nous sommes environnées, vices (a) qui sont si attachés à l'esprit de la Nation, n'y ayent pas de rapport & d'influence.

(a) La Noblesse, qui formait le pouvoir legislatif depuis l'etablissement de la Republique fût toujours partagée ainsi que son bien & ses affaires parmi les Janulles puissantes; Elle adoptait necessairement & suivait la façon d'agir & de penser de ses Principaux réspectifs, en se rendant l'esclave de leurs opinions; Et comme tous ces puissans Chefs avaient toujours des impulsions contraires l'une à l'autre; aussi la Noblesse né pouvait aucunement être d'accord ni meme se servir de sa propre raison: Elle dût necessairement tomber dans cet etât de partialité, où elle se voit, & son partage, devenir unique ressort, pour la faire mouvoir & occuper: Dans un état si asservi, les talens, les merites & les qualités de l'Esprit étaient inutiles, l'intêret & les illu-

Pour vouloir sainement juger de l'etat des Nations
Etrangeres, il faut les régarder dans chaque partie de leur
Constitution avec un oeil circonspect °agé des préjugés: il est
necessaire de saisir des idées nettes sur leurs forces sur leurs rés-
sources, sur leur administration civile & politique, sur leur ca-
ractere national sans jamais perdre de vue cette fatalité oc-
culte, qui les conduit insensiblement à l'agrandissement, ou
à la decadence; fatalité! que rien ne pût jamais arrêter, &
que l'homme savant sait calculer d'après les principes, qui
font la base de la Constitution d'un Etat.

Quand Mahomets, Solimans', Selims, Mourats & d'autres Sultans Ottomans faisoient, de bruit par leurs conquêtes
en Asie & en Europe, tout le monde alors fût saisi d'eton-
nement & de terreur, en croyant, que la Puissance des Crois-
sans n'aurait guères ni de bornes ni de changement de sa grandeur: & pourtant les pirncipes & la base de sa Constitution
primitive demontroient le contraire.

La Superstition grossierè, que ce Peuple Asiatique por-
tait ensemble partout où il venait de s'établir; Une haine impla-
cable, dont il fut penetré envers les autres Nations, qui n'é-
taient pas de sa croyance; une inimitié éternelle, qu'il oppo-

---

sions, que ces Puissans Vassaux inspiraient, faisaient
tout. Point d'esperance pour un homme, qui fût sans
protection de quelques uns: Leur protection cependant
coutait toujours beaucoup, parceque pour l'obtenir, il
fallait premierément bien ramper ou faire des actions deshonorantes: Ainsi on ne doit point s'étonner, si tant
de malheurs ont à la fin afligé Notre Patrie, & si l'E-
sprit national ne dût croupir si long tèms dans une
ignorance des choses relatives du moins à la conservation de l'Etat.

sait à la politesse & à la civilisation; un mepris brutal,
qu'il conservait constamment pour les sciences & pour la lu-
mierè de l'esprit, le Gouvernement, qu'il fondait sur les
maximes d'une Secte arbitraire & despotique, comme celle
de Mahomet; étaient certainement des marques, par lesquelles chacun a pu juger, qu'une Nation si barbare, & si
incompatible avec les autres, ne pouvait pas certainement pro-
sperer long têms qu'élle serait detruite par d'autres, ou par
les éffets de sa propre administration vicieuse.

Voyons aujourdhui les Provinces de l'Asie minèure du
têms de Bas-Empire encore si florissantes & si peuplées; Cette
Syrie, demeure jadis de tant de Nations nombreuses & cele-
bres? Cet Archipel si heureusement situé où il y avait tant
d'etâts indépendans l'un de l'autre? & enfin cette Grece si
fameuse en tout genre? Tous ces pays divers ne represen-
tent aujourdhui, que de vastes deserts, pleins des ruines &
des ravages, qui sont autant de traces de la férocité des Pa-
chas & des Gouverneurs absolus & arbitraires, auxquels ni
Sultan ni la Sublime Porte ne savent quelque fois prescrire
de limites, & d'un Despotisme d. ja trop avancé, sous lequel
ce fantome de la Monarchie Ottomane, qui commença à crou-
ler depuis quelque têms de touts parts, va enfin succomber
un jour malgré tous les efforts absurdes, que font la plupart
des Puissances de l'Europe, pour arrêter sa chûte, Où sont
ces vastes ressources (b) qui nous ont été debités en Europe par de gens, qui n'ont jamais vû, ni connû les Turcs

---

(b) On ne peut pas disconvenir, qua cet Empire consideré
    en géneral ne scit situé hèurcusement, tant du côté
    de son Climat temperé, que de sa terre fertile, aussi
    que de ses mers, ses golfs & ses fleuves, qui lui pro-
    curent une communication-excellente & rare, & qu'il
    ne soit capable, s'il était sous une Administration juste
    & sage, de fournir une Population proportionnée à son

& leur pays? S'il y en avait de ces ressources si faussement debitées, est-ce qu'on eût jamais besoin (de faire récours à

étendue, & des resources immenses. Un Etat comme celui dela Turquie pourrait facilement passer sans avoir besoin de personne avec ses produits nombreux & suffisans, & il pourrait encore s'enrichir du superflu en le faisant vendre aux autres. Mais tous ces avantages n'existent pas pour la Turquie actuelle. Sa Population présente ne correspund en rien à son étendu: La terre fertile demeure inculte & l'habitant Grec & Armenien par des injustices infinies, qu'il reçoit de ses maitres, opprimé & abruti, gemit & ne respire dans sa caverne, qui le derobe souvent à l'œil avide, qui le cherche à depouiller, que du desir de se voir delivré des Tyrans où de s'en expatrier. Delà vient cette mediocrité dans les Révenus, qui avant la guerre présente à peine montaient à 40. millions des Piastres.—— Des Revenus aussi, qu'on appelle incertains appartenans directement à la caisse privée du Sultan, qui consistent en Succession des biens après le decés des gens en place, & de ceux, auxquels on fait trancher la tête, ne sont pas d'une grande conséquence dès que le nombre des Riches est devenu plus rare. Sultan Moustafa en declarant la guerre passée à la Russie avait dans cette Caisse une somme très considerable ramassée par ses Ancétres, qu'il employa pour les frais de cette guerre; & les habitans ne furent rançonnés que vers sa fin, quand la susdite somme devint consummée: Au contraire lorsque le Sultan defunt declara la guerre présente il n'y avait pas un sou dans cette Caisse privée: & il fût toute de suite obligé de recourir à l'imposition des Turcs, à l'oppression des Sujets & jusqu'à faire enlever aux habitans toutes sortes

la falsification de la monnaie (c) & à enlever aux habitans tout
ce qu'ils avaient en argent travaillé pour suppléer par ce moyen
au furdeau de cette guerre malheureuse en portant en même têms le dernier coup à l'Etât, & au particulier? Où sont
ces troupes des Janissaires (d) si vantès & de Cavalerie,

---

d'Argenterie pour en battre la monnaie. Ce fut aussi
la cause de cette misere, qui se fit sentir dès le com-
mencement à tout le monde.

(c) La monnaie de la Turquie fut dejà degradée sous le Sultan Moustafa, mais elle avait encore une valeur intrin-
seque, qui correspondait en quelque maniere à celle
des autres nations. La monnaie d'aujordhui est tout
à fait fausse: La Piastre moderne n'a que 19. Paras
d'Argent, & 21. en cuivre; Ce qui derange extremement les affairs de Commerce & de Remise. A pro-
portion de cette valeur si derangée le prix des vivres,
& de toutes autres choses monte de jour en jour. Le
particulier, qui se voit abymé par la perte de la moitié de ses fonds, dont il subsistait jadis, devient in-
capable de soutenir sa famille, & de supporter le fardeau des taxes. C'est un coup, auquel il n'y a point
de rémedes, dès que l'Etât n'aura pas de mines assez riches,
ou d'autres ressources à leur place, pour s'en servir à
faire rebattre cette fausse monnaie, en celle de l'ancienne valeur, & à restituer le Public dans son etât du
fonds, où il etait avant la falsification.

(d) La constitution primitive, qu'avait cette milice fut cer-
tainemet assez capable de la rendre respectable, surtout
lorsqu'il n'y en avait pas ailleurs de cette Artillerie &
d'Infanterie, aux quelles ne peut aujourdhui rien resi-
ster. On prenait de jeunes gens bien faits & robustes
des Chretiens, qui on faisait circoncire, & des Turcs,

que le préjugé malfondé d'Européens avait la vanité de pré-
ferer à celle des Nations Chretiennes? Il y en avait jusqu'à
de Ministres confinés dans leurs maisons de Pera, entourés
de ces Etrês particuliers, qu'on appelle Drogomans (e) &
amusés

&' on les faisait elever dans l'art de savoir combattre
& d'être accoutumés à la bravoure. Tous étaient bien
entretenus & nourris dans les Casernes de Constantinople distribués en Chambres. Leur nombre ordinaire
montait à 40. mille. Les Priviléges exclusifs, dont
jouissait cette milice l'ont rendûe ensuite si impertinente;
qu'elle devint à plus d'un Sultan funeste par ses re-
bellions & par les detronisations, qu'elle leur fit. Sultan Mahmoud dans ce siecle lui porta un coup mortel.
Il fit d'abord disperser tous ces gens élits dans le vaste
Empire, & ensuite il ordonna, que desormais on ne
s'embarasserait point ni de choix, ni de l'education de gens,
qui composeront cette milice, mais que chacun d'habitans pourrait faire s'inscrire dans la liste des Janisai-
res. Delà vient, qu'à la suite, il ne resta dans cetté Milice, que de Boutiquiers, de gens de metier & de Do-
mestiques, qui ont d'autres choses à penser, que de
s'appliquer à l'exercice militaire. La Cavalerie aussi
a dechuë de sa premiére Constitution: Les Tymors &
Zaïms, terres, qui n'etaient jadis distribuées, qu'à ceux,
dont le dévoir fut d'être toujours prêts d'aller en personne à la guerre: maintenant la plupart sont entre les
mains de gens, de l'etât civil, qui au lieu d'aller en
personne, ils envoyent à leur place de gens mal armés,
mal payés & mal montés. On se trompe donc en Europe, si on pense aujourdhui de ces deux Milices,
comme on a pensé jadis.

(e) Il y en a deux sortes: l'une, qu'on prend dans les fa-

amusés journellement de leurs fables, qui, sans avoir jamais
rien vû de leurs propres yeux osérent debitrer à leurs Cours

milles fixées à Pera, qui passent pour les francs; & l'autre, qui sont tirés parmi les Armeniens & les Grecs
sujets du Grand Seigneur. Les uns & les autres ne
peuvent à la vérité avoir l'education analogue à cette
charge, faute d'Ecole dans ce pays: ceux cependant qui
sont des Perôtes, sont moins dangereux & plus propres
au service: ils sont au moins degagés de cette crainte
& de cette terreur innée, dont chaque sujet Turc Raya
est naturellement penetré vis à vis de ses maitres, & ses
Tyrans, auxquels il ne parle qu'avec des expressions
extrémement humbles & deshonorantes & quelque fois
en baisant leurs sandales. Outre cela leur devoir est
encore, d'être espions, & de rapporter au Reis-Effendi
jusqu'à des actions de la vie privée de leurs Ministres.
Ou le leur reccommande trés souvent, mais surtout lorsqu'ils
réçoivent des Baraths ou Patents: le Reis-Effendi alors
leur dit en termes exprés: ,, Chien, n'oublies, jamais,
,, que tu es l'sclave du Grand Seigneur! Dieu te pré-
,, serve d'en perdre le souvenir. Tu dois nous servir
,, en servant cet infidel etranger; Tu dois nous rap-
,, porter fidellément tou ce qu'il fait: si non, tu seras
,, pendu. Il y à certainement bien d'exemples dans le
têms passé de ce traitement, qu'ont reçûs les Drogomans
sujets Turcs: que les Ministres ne pouvaient pas empê-
cher: aujourdhui quoique des inconveniens de cette na-
-ture n'arrivent plus, parceque les Turcs ont beaucoup
plus de raisons à menager les Cours Européennes, dont
ils ont besoin, cependant il serait toujours mieux d'a-
voir des Nationaux pour ce service, qui demande tant
de fidélité & tant d'exactitude & de prudence.

B

réspectives tant de Relations purement idéales, & quelque fois entiérement fausses, qu'elles faisaient rire tout homme, qui avait la moindre notion sur la Turquie & sur son etat pauvre & malheureux. Qu'est ce qu'on a enfin gagné par tout cela? La Suede imbue de ces illusions declare (f) fastueusement la guerre à la Russie, & après avoir ruiné son etat, & être bien battue, la termine honteusement. La Prusse emploie plus d'un million des Piastres pour avoir une Alliance (g)

(f) On n'a qu'à lire le Manifeste de Suede communiqué à la Cour de Petersbourg par son Secretaire Sekaw, lorsque le Roi de Suede était dejà en Finlande, & lorsqu'à Petersbourg on ne savait encore rien sur ses hostilités, pour y voir des expressions fastueuses & si gigantesques que l'Europe certainement en a été surprise & etonnée, n'étant pas accoutumée depuis le têms de Charles Quint, & François premier, de lire de semblables ecrits. „ Pour vouloir dire à une Puissance comme la Russie, „ avec ce ton: Rendez moi la Carelie & la Finlande, „ rendez aux Turcs la Crimée; Desarmez-vous & re-„ stez dans un etat d'inertie, jusqu'à ce que je vous „ arrange avec la Porte, & que tous vos droits, que „ vous ont acquis vos armes soyent annihilés: „ Il a faullu avoir ou de forces dix fois supérienres à celle de la Russie, ou quelque chose surnaturelle. Quand le Suede parlait ainsi, la Russie se préparait à lui repondre pas avec les paroles, mais par les faits.

(g) L'Alliance des Prussiens étant en négociation trouva des entraves du côté des Turcs, auxquels ou ne s'attendait guères. Le parti contraire, qui s'y opposait, faisait entendre au Grand Seigneur, que si le Roi de Prusse avait de motifs, qui le poussaient, à se declarer contre l'Empereur ou contre la Russie, il n'avait qu'à profi-ter de cette occaion, mais s'il n'en avait point, son

avec cette chetive Nation, qu'elle ne peut à présent ni assister,
ni même se mouvoir en sa faveur, & qu'elle doit enfin aban-
donner aussi bien que ses desseins mal conçus pour humilier
la Russie? Les Ministres cependant de ces deux Cours ont eû
des tains & des présens, dont ils sont récompensés pour
avoir bien servi & d'avoir entraîné leurs Cours réspectives
dans des affaires si peu avantageuses.

Ouí Monsieur; c'est un exemple bien frais, que je
viens de vous apporter sur le defaut de connaissances des Puissances avec lesquelles, on a voulu avoir à faire, & nous nous
devons feliciter, que la Providence nous a préservé d'y avoir
part? La Nation n'était dejà que sur le point d'y entrer, son
enthousiasme pour les Turcs fut poussé jusqu'à desirer leur Alliance, qui aurait inevitablement produit notre catastrophe,

---

alliance serait plutôt dangereuse qu'utile à la Porte;
parceque le Roi de Prusse ne peut nullement sans raison faire une guerre, qui lui couterait des sommes im-
mieuses purement pour faire plaisir aux Turcs. Ces &
bien d'autres refléxions firent long téms suspendre la
decision du Grand Seigneur: & l'Alliance en question
ne se fit, que lorsque les Prussiens ont changé l'opi-
nion du Parti contraire à leur égard à force d'argent.
Cette affaire enfin heureusement terminée, devint l'epoque
également heureuse pour le Ministre Dietz, lequel avant
cette Alliance, & particulierement avant la guerre n'avait
pas un sou, & en partant d'ici l'année passée à emporté
de grosses sommes en Ducats d'Hollande. Le Grand
Frederic aurait sans doute bien de desagremens, s'il
vivait, à voir une si triste destinée de ce tresor, qu'
il a ramassé avec tant de peines! mais on ne doit pas
s'en etonner, si les evenemens d'aujourdhui le font con-
sumer dela même façon, comme il était ramassé.

B 2

& la haine contre la Russie excitée par l'esprit Prussien ne
semblait avoir plus de bornes. Je Vous prie Monsieur!
Qu'est-ce qu'on eût gagné en s'y laissant entrainer? Les Russes dans ce cas auraient envahi la Pologne, les Prusiens auraient introduit leurs troupes, & les Autrichiens pour faire la
cause commune avec les Russes y seraient entrés aussi; On se
serait, battu ou non, peut-être: mais en ettendant ils auraient
tous pillé nos maisons, violé nos femmes & nos filles, & de-
vasté nos Provinces: & enfin on se serait accordé prenant
chacun sa portion de notre Patrie. A Dieu ne plaisse pas,
que j'y fasse la triste figure d'un esprit partial, mais je vous
assure, que jusqu'à ce moment, je ne suis pas encore tout à
fait dégagé de cette crainte, dont je fûs penetré en observant
toutes les demarches, que la Cour de Prusse faisait pour nous
enveloper dans l'embarras. Grace cependant à sa mauvaise politique, laquelle mit en desordre ses projets dangereux à
notre égard. Le Roi de Prusse fît découvrir ses mauvaises
intentions concernant la Pologne, lorsqu'il a fait inserer dans
son Traité d'alliance avec les Turcs un article, qui dit: que
ceux-ci ne termineraient pas la guerre avec l'Empereur avant
que la Gallicie nous soit restituée: l'article qui avait ébloui
plus d'un, qui jugeait superficiellement de ces choses, mais dont
riaient si haute voix tous, qui connaissaient le veritable bùt
de cet artifice Prussien: aussi ne falùt-il que les negociations
de Reichembach pour y voir ce que c'etait cet article, &
ce que le Roi de Prusse en voulût entendre: Tout le monde
sçut après, qu'il y traite avec l'Empereur la cession de Dantzig & de Thorn, & que ce sont ces places, qui lui tiennent à coeur, & dont son ambition veut s'emparer comme
le demontrent aussi tous ses detours, qu'il en a faits en An-
leterre successivement & ailleurs. Quoi! les Turcs auraient
forcé l'Empereur à la restitution d'un pays, que ses Prédecesseurs
avaient pris par le même partage, auquel le Roi de Prusse tient
egalement lié & intéressé? Les Turcs auraient forcé l'Empereur à cette restitution, qui ne sont pas capables de defendre
leurs propres foyers, & qui viennent de perdre tant de Provinces & de Places? Si le Roi de Prusse au lieu de cet article ridicule (dont pourtant les vrais moteurs auraient merité

dans un autre Gouvernement, que celui, qui était immédiate-
ment en Pologne, une année au moins dans la petite maison)
eùt dit : que lui & tous ces Alliés ensemble ne laisseraient
pas terminer cette guerre, avant que la Gallicie & la Russie
blanche nous fussent restituées ; & si en le declarant en face
de l'Europe eût offert en même têms de rendre aussi de son
côté aux Polonois cette excellente partie, que son Prédecesseus
Frederic avait prise en vertu du même partage: Il aurait sans
doute obligé tout le monde à lui croire. Mais l'exemple d'une
politique si juste & si desintéressée est rare parmi les Prin-
ces, & tout à fait impossible du côté du Roi de Prusse, dont
les principes sont assez connûs, pour s'en former d'idées, &
pour croire, qu'il s'éloigne jamais de ses prétensions, qu'il a
sur la Pologne, & qu'il abandonne le systeme de ses Ancêtres
pour l'aggrandissement de ses Etâts dépendemment de notre
pays, a fin de se trouver un jour capable de balancer l'Empereur
& la Rus'e : à quoi cependant son ambition (h) n'arrivera ja-

---

(h) La Prusse considerée en général, ne peut jamais entrer
    en paralelle avec les Puissances du premier ordre. Son
    etendu est assez connu pour en avoir des idées justes,
    & pour connaitre ce que ce Royaume peut valoir dans
    la balance génerale de l'Europe. Sa Population, d'a-
    près le temoignage presque de tous Historiographes, ne
    monte pas au delà de six million d'Ames & la sterilité
    de ses terreins n'est pas même suffisante de la nourrir.
    On a besoin des etrangers de vivres & de tout. De là
    on peut facilement conclure, que le nombre des troupes,
    que le Royaume de Prusse s'efforce d'entretenir jusqu'à
    220,000. hommes, est tout à fait disproportionné à
    l'Etât; & étant disproportionné, il derange d'une ma-
    nière sensible cet equilibre, que chaque Etât bien con-
    stitué procure d'observer entre les forces, & les facul-
    tés de ses finances. Pour entretenir 220,000. hommes

mais vû la situation de son local entourré de toutes parts des
etâts, qui ne lui laisseront pas une pouce de terre sans un
torrent de sang.

Qu'est-ce que ce cette amitié, que le Roi de Prusse
nous declare d'un côté, tandis que de l'autre il travaille à

le Roi de Prusse doit absolument récourir à l'oppression
de ses sujets, & aux etrangers pour en avoir du récrus
& beaucoup d'autres necessaires: son armée ne peut être
qu'une collection des avanturiers etrangers, que la pre-
miere occasion fait deserter: & son peuple extenué
d'impôts & des miseres ne desire, que le prémier venu
pour se delivrer du joug, qui lui est si pésant. Frederic Second put à la vérité soutenir ce fardeau par la
fécondité de son esprit surtout quand il fut favorisé du
côté de la faiblesse de la maison d'Autriche & de celui
d'autres voisins: mais les circonstances ont changé
depuis. Les Etâts, qui environnent la Prusse se dejà
mirent en meilleur ordre de forces & de l'Economie. Le
têms a dejà passé, où Frederic pût faire rouler ses dé-
tachemens d'un bout à l'autre de la Pologne, pour en enlever des sujets, des hestiaux & des vivres, où il pût
introduire des especes fausses en les faisant battre ex-
pressement pour nous; où il pût faire d'irruptions en
Saxe avant de lui declarer la guerre, pour mieux réussir
dans ses desseins hostiles. Le têms a dejà passé, & les
voisins seront mieux sur leurs gardes à l'avenir: le tresor, dont la Prusse se vente avoir ramassé par tant d'injustices de Frederic, sera facilement consommé par les
circonstances qu'il ne manquera du coté des intrigues
d'autres Cours, & ses troupes collectices ne sont dejà pas
seules d'avoir cette Tactique, qu'elles avaient jadis. Elle est aujourdhui partout connue.

nous enlever des places, qui sont pour nous comme les dernieres sources, qui versent à notre pays de l'argent en echange de ses productions? tandis qu'il travaille à Constantinople & partout ailleurs à l'anneantissiment de nos projets pour le commerce dela Mer noire? Que les Polonais fassent autant, qu'ils veullent de liaisons & de politesse à cette Cour avide de nos biens & élevée sur les rapines de notre Patrie, ils commetront autant de fautes & d'erreurs impardonnables en fait de politique, ils ne pourront, jamais arriver à se concilier sa vraie amitié, ni à effacer des plans, que Frederic second a gravés à ses descendans, de pencher toujours à notre ruine & de nous enlever de Provinces chaque fois, que les circonstances le leur permettent. Qu'on fasse autant de Traités de commerce, & qu'on y stipule tant, qu'on veut, de conditions avantageuses, tout cela sera privé de son bût, nous seront constamment pillés sur la Vistule & la ville de Dantzig languira.

Je conviens, & tout le monde en convient aussi, que les Russes nous ont fait beaucoup de mal, mais personne qui aura la moindre connaisance de leur systême ne peut avouer positivement, qu'ils soyent si dangereux pour nous, que les Prussiens. Un Empire aussi vaste, que celui de la (1) Russie

---

(1) L'Empire de la Russie est si peu encore connû en Europe, que depuis le têms de Pierre le Grand, on ne commet à son égard que de fautes continuelles. On suit à la verité de la Carte Geographique, que le Cabinet de Petersbourg a voulu communiquer au public, que son étendue commence du rivage de Dzwina en Livonie, & finit à l'extremité de l'Asie Orientale, où le detroit du Nord la separe de l'Amerique; l'Etendue, qui embrasse presque la moitié du Globe Terrestre; mais on n'a point de notions justes & completes sur sa vraie population,

si heureusement situé par ses confins du côté meridional avec des Nations riches & faibles, si jamais vise à s'etendre encore d'avantage, ce ne sera jamais du côté de la Pologne, mais

plu-

---

sur sa situation physique, sur ses richesses, revenus & sur ses ressources: toutes les rélations, que nous entendons repeter par la bouche des copistes Européens sont plutôt imaginaires, que fondées sur quelque authenticité; le Gouvernement ne laisse pas aux Voyageurs rouler d'un bout à l'autre de son Empire, comme on le fait en Europe, & il ne permet passer à la connaissance du reste du monde que de choses, qu'il lui plait de communiquer. Le constitution politique & civile que Pierre le Grand donna pour la base à cet Empire, forme un corps robuste & inebranlable de tous les peuples, dont à peine on connais les noms. Ce que nous voyons en evidence c'est, que ses ports à la Baltique reçoivent annuellement plus de 1200. Batimens marchands des différentes Nations, qui y viennent pour charger des produits de la Russie & de ses marchandises: que son commerce avec les Turcs, Persans, Chinois & autant d'autres Nations Asiatiques lui rend des richesses immenses: que Cronstadt, Revel & d'autres ports sont remplis de ses forces navales, dont le nombre & la qualité des Batimens n'est pas encore tout à fait connue à l'Europe; que sa flotte à la Mer noire devient de jour en jour plus nombreuse, avec laquelle les forces navales Turques ne peuvent se mesurer plus: que la Caspienne ne souffre d'autres navigations, que celle de ses propres sujets, pour lesquels elle est reservée: que ses forces terrestres composées de ses propres sujets robustes & endurcis aux fatigues, que le Géogra-

plutôt de célui dela Perse, dela Turquie & d'autres peuples d'Asie plus orientaux, où à chaque pas des conquêtes, il y à de quoi satisfaire l'ambition & l'avarice. Aussi il faut convênir, que la Russie depuis, qu' elle s'est mise sûr ce systême, où nous la voyons, n'a jàmais fait de demarches de cette nature à nôtre égard: & nulle fois elle n'a fait introduire en Pologne de troupes sans en avoir été invitée prémierement par les Polonois eux mêmes: ce sont nos Interregnes & les divisions entre nos Familles, qui ont attiré plus d'une fois de ces forces etrangeres pour dechirer les entrailles de nôtre Patrie, & pour s'y detruire réciproquement: et c'est aussi à ces

---

phe moderne Büsching fait monter à 660. mille hommes font à la fois la guerre aux Turcs, aux Suedois, aux Chinois & tiennent encore en réspect les Prussiens, les Anglois & les Hollandois: que les bruits des asseauts, des batailes gagnées par ses Troupes, auxquelles rien ne peut resiter, remplissent toute l'Europe, d'un côté; tandis que de l'autre elle est ébluie de ses magnificences, & de récompenses journalieres distribuées aux Officiers, & à ceux qui les auront meritées: que tous, qui ont quelques talens, sont bien recûs en Russie, & y trouvent un Asile sûr & avantageux. Toutes ces choses réélles demandent des dépenses enormes & extraordinaires, & demontrent que la Russie aura des ressources, qui sont jusqu'à present inconnues a l'Europe: tout le monde sait aussi, que l'Etât n'a pas des dettes, ni que de sujets soyent agravés d'impôts: & il n'y a que la Jalousie de ses ennemies, qui jettent de loin sur son compte de calomnies: mais cela ne deroge rien à sa vraie grandeur: cet Empire heureux & florissant paroit vis à vis de ses ennemis comme un globe lumineux à l'égard de ces pétites phosphores qui ne luisent que pour quelque moment.

C

Familles que nous devons toutes ces usurpations & influences
que la Russie s'y est acquises, malgré son systême. On a
beau à lui imputer le dernier partage, dès quil nous est
connûs, que cette Cour avoit résisté plus d'une Année, avant
de s'y laisser entrainer par Frederic Second : & si la Cour de
Vienne n'y eut pas accedé, toutes ses insinuations fautes d'a-
vance à cet égard auraient été infructueuses. C'est Frederic
Second & Marie Theresse Princesse d'ailleurs si devotes, qui
ont forcé à la suite Catharine Seconde de signer ce partage
scandaleux, & ce ne fût, que dans un concours de circonstances, où la Russie outres la guerre qu'elle avait avec les Turcs,
les Confederés & Puhatzow rebelle, avait encore à craindre
les menaces des Suedois, des Autrichiens & celles de la maison de Bourbon.

Si donc des evenemens semblables, qui peuvent avoir
lieu quelque fois entre les Puissances limitrophes nous sont si
dangereux, en ayant la Cour de Prusse, qui veille sans cesse à
nôtre ruine, que devons nous attendre, si nous formions des
Alliances avec ses ennemis Turcs & Prussiens? Dont le bût
ne serait, que diametralement opposé au systeme de la Russie? Cette Cour si puissante, alliée avec l'Empereur n'aura-
t-elle assez de moyens pour anéantir cette liaison, soit par
la voye d'une guerre ouverre, soit par de conventions clande-
stines avec la Prusse, à laquelle il ne reste, qu'offrir, Dan-
tsig & Thorn, où une partie dela Grande Pologne, pour la
voir récedée de toutes sortes d'Alliances avec les Turcs & Polonois.

Non, Monsieur! de quel côté que vous vouliez consi-
derer nôtre situation, & paiser & examiner le systeme de nos
voisins, vous trouverez, que la saine politique nous consei-
le d'eviter autant qu'il est possible, la Cour de Prusse, & de
s'approcher plutôt de celles de Peterzbourg & de Vienne, si
elle reste alliée avec la Russie: lesquelles semblent avoir
moins d'interêts sûr nous; & étant une fois liés avec elles,
par les noeudes solides & perpetuels nous pourrions former
une barrieré insurmontable, que la Cour de Prusse ne scaurait
guerès franchir impunement, etant obligée même de vegeter

dans ses foyers, où elle était dans son etat primitif & de laisser dans l'oublie. eternel son système d'ampietér sûr la Pologne : Ayant dis-je de liaisons si réspectables, nous pourrions aussi trouver le moment, pour lui arracher la Prusse Royale & Orientale & degager ainsi de sa rapacité la Vistule & Dantzig.

Les avantages, que nous présentent de l'autre côté les fleuves de Boristhene, de Boh, & de Dniester dans le Commerce avec les Etats de la Russie, ainsi que dans celui en général de la Mer noire (k) nous invitent indispensablement

---

(k) Boristhene ou Dnieper resoit la Riviere de Prypéc, qui traverse la Polesie pour s'y decharger au de la de Kijovie· elle est assez profonde & capable de porter les chaïks assez gros. Par cette voye l'on peut avoir une exportation très considerable en produits & en bois de construction, sûrtout si la Russie voudrait faire nettoyer les cataractes, qui sont dans le Boristhene au de la de Cherson.

La Rivierée de Boh commence en Ucraine & se decharge dans le Golf ou Liman d'Oczakow & de Kinbourn près de l'embouchure de Boristhene : on peut aussi tirér de cette Rivierè l'utilité pour la descente des chaïks & en y ajoutant le transport par terre très facile par l'abondance des paturages, que fournissent les desertes situées le long de cette Riviere, on peut avoir une exportation de plus considerable des diverses articles des produits de cette riche Province, & Glembok, l'endroit situé entre l'embouchure de Boh & de Boristhene sur le bord du dit Liman peut devenir l'entrepôt de nos magasins & le centre de notre commerce tout particulier pour les Ports de la Russie, que general de la Mer-noire pour la mediteranée. La Riviere de Dniestre offre également une debouchée considerable pour la Podolie, Volhynië, &

à cette liaisen etroite particulierement avec la Russie, sans
laquelle, où plutôt en cas d'une alliance avec la Prusse & avec

une partie de l'Ucraine, mais il faut que cette Riviéere
reste entre les mains des Russes, parcequ avec les Turcs
il est très difficile d'avoir des arrangemens, necessaires pour
la defluitation, comme nous venons de l'eprouver immediatement avant cette guerre, où tous nos projets avant
cette gurre avaient échue. Le commerce de Constantinople ne peut jamais être considerable, à cause que tous
les articles de nos Productions y sont assujetis à des
Monopols que le Fisc entretient pour en avoir un pro-
fit particuliér : il achète presque tous ces articles de ses
propres sujets qui sont obligés de porter tout ce que
la terre produit, à Constantinople, où on les leur paye
à un prix, qui sne convient jamais à un étranger. Dans
cet état de choses le commerce de Constantinople ne
consiste, que sur les articles de manufacture & sur
ceux qui servent au luxe : nous pouvons en avoir quelques uns, comme par exemple le Drap les clous, le ver
&c: & bien d'autres que nous n'avons pas encore pourront être cultivés avec le têms, sûrtout quand la nouvelle
Administration tachera d'encourager l'industrie. A cette
occasion je dois ici toucher à l'article de ce commerce
que font les Armeniens & les Juifs, à Constantinople,
qui n'est pas à la verité le commerce, mais réellement
un trés grand tort, qù ils font à l'Etat. Tous ces gens
sont la plupart sujets Turcs, établis en Turquie, & ils
ne viennent en Pologne, que pour en avoir le droit de
passer pour les Polonois. Le commerce que font tant
ceux-ci que ceux qui sont natifs de nôtre pays, consiste
dans les articles d'Importation: ils importent en Pologne toutes sortes de marchandisses de la Turquie, & ils

les Turcs nous ne pourrions y jamais parvenir; parceque la Russie, en nous régardant de son côté, comme ses ennemis, nous réfuserait justement toutes les communications, sans lesquelles le commerce de la Mer noire ne peut pas avoir lieu. Pouvons nous franchement assurer nos compatriots, que le Traité de commerce entre les Turcs, quelques qu'elles soyent avantageuses ses conditions, puisse jamais faciliter les entraves, que présente la Mer-noire dans la navigation, & entrer en parallele avec les avantages de celui, que nous offre de son côté la Russie? Il faut connaitre bien la Turquie pour en avoir une idée juste & desinteressée. Les Russes sont dejà maitres de la Mer-noire: & la Turquie considerée, comme elle l'est aujourdhui n'en peut plus disposer: mais permettons, que la Turquie aye, comme anciennement le pouvoir entre ses mains de cette mer, elle n'a pas besoin detout de nos produits, qui seuls composent nôtre commerce d'Exportation: par consequent il n'en resulterait pour nous aucun avantage.

---

n'emportent de nôtre pays, que de l'argent aprés les avoir vendues. Il n'y a qu'un seul article de l'Embre, qu'ils exportent de la Prusse, pour le porter à Constantinople. Ainsi par cette tournure de leurs expeditions, qu'ils font, résulte un avantage réel pour la Turquie & pour la Prusse & toute perte pour la Pologne. C'est une observation très necessaire, & l'administration nouvelle de nôtre Gouvernement doit-y-fixer indispensablement son attention, elle doit proceder, comme tous les autres Etâts bien administrés, à reformet tous les abus dans le Corp dés gens occupés du Commerce, & de leur préscrire une regle juste & fine & de les assujetir au commerce d'exportation; c'est une affaire, qui demande indispensablement l'etablissement d'une chambre de commerce, sans cette magistrature la connaisance dans les choses de cette nature, & l'execution doivent manquer absolument.

Dans sa capitale le prix bas & une infinité de monopols pour tous ces presqu'articles présentent autant d'entraves, que même le Fisc n'aurait pas le moyen d'y porter des rémedes. La ville dis-je de Constantinople si heureusement située & jadis dans le têms du Bas-Empire le depôt géneral de commerce entre l'Asie & l'Europe n'a aujourdhui besoin que de quelques seulement marchandises des Européens, qui lui sont portées de la Mediterranée, & elle ne sert pour le reste, & c'est seulement depuis quelques années, que la Russie a rendu à la Mer noir son ancienne communication avec le Levant, que d'endroit de Transito aux Batimens. Toutes nos speculations, à l'exemple de celles des Russes & des Autrichiens dans ce commerce, ne sont que pour les parties meridionales de l'Europe. L'Italie, l'Espagne, la France & toutes les autres Contrés, places, Portes & Isles en offrent à cette speculation des avantages réels, dont nous commencions dejà à être possésseurs avant la guerre, quand nos Batimens sous Pavillon de la Russie franchissaient les Detrois de Constantinople & des Dardanelles & portaient à Marseille, à Malthe, à Barcelone & ailleurs nos produits & nos marchandisses. Où sont de Places en Turquie pour nous présenter un endroit commode & sûre pour nos etablissemens mercanteles! Akerman ? Elle est encore entre les mains des conquerans, & notre politique ainsi que les intèrets, doivent souhaiter, que cette Place restât à jamais aux Russes, des qu'il est difficile, que nous l'ayons en propre; & que la Riviere de Dniester, aye une navigation libre, parceque de tout celà retourne encore à son etat ancien, nos projets de commerce par cette voye seront de nouveau evanuis, comme ils étaient immediatement avant cette guerre où quoique les traités que nous avions avec les Turcs favorisassent la defluitation de nos chaïques, la perfidie cependant de ces gens ci l'a fait avorter, en se permettant même des violences sur nos sujets chaque fois, qu'il y voulaient descendre. On a beau à se promettre, que le traité, qu'on cherche former avec la Porte, puisse servir de basse à un ordre & à l'établissement des magasins & des comptoires, dont on aurait besoin de nôtre côté dans cet endroit: il faut de n'avoir point de connaissances sur cette Nation & sur son gouvernement vicieux, pour le croire. Tous ces eta-

blissemens seront exposés à des avarices continuelles; & la
Porte selon sa coutume trouvera chaque fois d'excuser de n'a-
voir pas~assez de moyens pour y porter des remedes & pour
rèprimer l'insolence des brigands, qui habitent ces endroits desertes. Il n'y a point de bon ordre ni de sureté avec les
Turcs, les capitulations & les traités ne sont pas observés de
cette Nation, que seulement quand elle craigne, & pour la
rendre telle & raisonnable, il faut qu'elle soit bien battue,
comme elle l'est aujourdhui des Russes, lesquels, avec ce
moyen seront bien réspectés desormais en Turquie: où des violences se commettent facilement, & le Gouvernement est assez faible pour les reprimer même dans ses propres Sujets.

Voila, Monsieur, des objets, qui doivent fixer l'attention
de nôtre Administration présente, en empechant autant qu'il
est possible, que la Partialité de l'Esprit national, qui fut si
prejudiciable à nos affaires, ne puisse plus avoir d'influence
dans les matieres si delicates & reservées seulement au Gouvernement. Ma conclusion dans tout ceci, que j'y viens de
dire n'est que celle, que la raison & l'intêret de ma Patrie
semblent dicter ouvertement à chaque citoyen interessè au
bien géneral, une Liaison politique avec une Puissance dont le
systême & la politique ne semblent pas viser à nous nuire;
& le commerce si necessarie & si lucratif comme celui dela
Mer-noire, sont deux choses, sans lesquelles l'Etât ne pourrait jamais se flatter ni d'avoir une Constitution durable, ni
une situation commode & opulente. Le grand étendu des
Etâts ne rend pas ses habitans heureux; de petits quand ils
ont une administration juste & adaptée à leur nature & aux
circonstances peuvent jouir des bonheurs & leurs habitans de
Reputation.